Lib SS 1449

HENRI CERNUSCHI

Représentant du Peuple Romain,

JUGÉ

PAR LE CONSEIL DE GUERRE

DE

L'ARMÉE FRANÇAISE A ROME.

PARIS,

IMPRIMERIE DE E. BRIÈRE,

RUE SAINTE - ANNE, 55.

—

1850.

CERNUSCHI (Henri Auguste Primus)

REPRÉSENTANT DU PEUPLE ROMAIN

JUGÉ PAR

LE CONSEIL DE GUERRE DE L'ARMÉE FRANÇAISE A ROME.

1850.

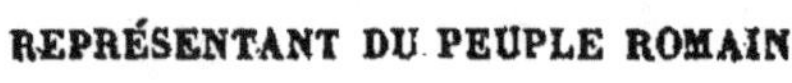

La première séance publique a eu lieu le **23** janvier.

L'audition des témoins à charge dure cinq ou six heures. Renvoi au lendemain.

24 janvier. Seconde séance à midi.

Sont entendus les témoins à charge qui n'avaient pas déposé hier.

M. LE PRÉSIDENT. — « Accusé, avez-vous des témoins à décharge ? »

L'ACCUSÉ. — « Je m'en rapporte aux témoignages de ceux qui ont été cités à charge. »

M. LE PRÉSIDENT. — « La parole est à M. le Commissaire du gouvernement. »

Le Commissaire prend la parole, et soutient plusieurs points d'accusation, en requérant les peines correspondantes.

Le défenseur prend la parole. — Après quelques mots il est interrompu.

L'ACCUSÉ. — « M. le Président, je vous prie d'ôter la parole à mon défenseur. C'est sur un autre terrain que je veux me défendre. »

L'avocat s'assied.

M. LE PRÉSIDENT. — « Accusé, vous avez la parole. »

L'accusé se lève :

— Messieurs, l'Italie est mal connue. Les hommes qui ont paru dans la dernière révolution n'ont été jugés que d'après les ouï-dire toujours vagues, et toujours exploités au profit des partis. Rien de plus naturel : les événemens se sont succédé avec une rapidité étonnante ; ils ne sont pas encore accomplis ; la scène de ces événemens passait d'une région à l'autre de la Péninsule, d'une manière volcanique. L'œil de l'histoire a tout vu peut-être, mais sa voix n'a pas encore parlé. En attendant, on voulait se faire une opinion sur les hommes. L'orage grondait encore ; on ne nous voyait qu'à distance, et sous le reflet des éclairs ; et l'on crut nous connaître assez pour faire notre portrait par cœur. Messieurs, j'ose dire que j'ai été horriblement défiguré par ces artistes improvisés. On a dit : Cernuschi est un anarchiste. Le mot est en vogue. Mes adversaires étaient intéressés à accréditer l'imputation ; ceux qui ne me connaissaient pas n'avaient aucun motif pour la repousser. Elle parvint jusqu'aux oreilles du général Oudinot. Son frère vous a dit ici, sous la foi du serment, que le général attachait la plus grande importance à mon arrestation, à cause de mes *énormités*. Le mandat qu'il expédia à Civitavecchia portait qu'il fallait arrêter, n'importe où, M. Cernuschi, représentant du peuple, l'un des plus fougueux anarchistes. Je vous prouverai que M. le général Oudinot, ce n'est pas sa faute, a été mal informé. Je vous prouverai qu'au lieu d'être violent et

étourdi, je suis homme d'ordre, de tolérance, de gouvernement, esprit pratique ; homme de consistance, comme disent les Anglais ; homme sérieux, comme disent les Français. Messieurs, j'aime ma patrie de sang-froid. Je veux
démolir avec le marteau de l'évidence toutes ces préven-
tions, toutes ces fausses opinions qui ont été la cause première de ma réclusion. J'éclaircirai au feu splendide de la
vérité cette eau trouble dans laquelle on a pêché pour en-
voyer des informations à M. le rapporteur. Quand vous
aurez entendu quels sont mes antécédens et quel est mon
caractère, vous vous direz : C'est impossible ; cet homme
ne peut pas s'être permis des écarts si insensés et si ridi-
cules.

Je vous promets de n'être pas long, d'éviter toute allusion
fâcheuse, et de garder toute la mesure, toute la délicatesse
que la situation exige. Cependant, il est un blâme auquel
il n'est pas en mon pouvoir d'échapper, celui d'écorcher
sans pitié la langue de Racine et de Chateaubriand. Sur ce
chapitre, j'invoque votre indulgence ; pour tout le reste,
je ne demande que votre justice.

Je suis né à Milan. Ma vie politique date de mars 1848,
époque de l'insurrection lombarde, qui fut la suite de votre
révolution française, Messieurs. Le parti qui poussait à l'insurrection, c'était le parti de Charles-Albert. Ce parti, une
fois l'insurrection éclatée, eut peur ; il se cachait ; *il traitait
avec Radetzki.* C'est alors que, pour soustraire la popula-
tion au danger d'être fusillée ou pendue en masse, M. Cattaneo et moi nous prîmes la direction du combat, consti-
tués avec deux autres collègues en Conseil de guerre. Nous
empêchâmes ces insidieux armistices. On se battit cinq jours
et cinq nuits sans repos. Nous triomphâmes. Dans les cinq
mémorables journées, les 60,000 Autrichiens qui occu-

paient l'Italie furent réduits à 42,000, qui se sauvèrent dans les forteresses. Ce n'est pas par vanité que je cite ces faits ; c'est pour vous montrer qu'à Milan, comme à Rome, je fus toujours désintéressé, prudent, obéissant aux lois de l'humanité et de la raison. Ecoutez ! Nous traitâmes les Autrichiens, que l'on faisait prisonniers, comme des instrumens innocens de la tyrannie. Nous sauvâmes jusqu'aux inquisiteurs de S. M. Apostolique, jusqu'aux espions qui avaient tristement acquis un nom européen, par la tâche qu'ils remplissaient de peupler le Spielberg.

Voilà à ce sujet deux lignes d'une proclamation qui portait ma signature :

« Que notre victoire reste pure. Ne descendons pas jus-
» qu'à nous venger des misérables satellites que le pouvoir
» en fuyant a abandonnés à notre merci. C'est bien vrai que,
» pendant l'espace de trente années, ils ont été le fléau de
» nos familles. Mais vous, soyez généreux comme vous êtes
» braves (1). »

En dehors du combat, pas une goutte de sang ne fut versée ! C'est à moi, le pillard de Rome, le dévastateur d'ambassades, que le peuple combattant apportait sans reçu et sans défiance les objets précieux que l'ennemi abandonnait. Le Conseil de guerre ne garda que l'épée de Radetzki. Nous la gardons encore.

La nouvelle de notre victoire décida Charles-Albert à venir *occuper* les provinces délivrées (2). A son arrivée, son

______

(1) V. *L'Insurrection de Milan en* 1848, par C. CATTANEO. Paris, Amyot. 1848.

(2) V. les documens présentés au Parlement britannique, le 31 juillet 1849. — *Correspondence respecting the affairs of Italy*, London, Harrison and son.

parti reprit le dessus, et nous quittâmes le pouvoir. Le Conseil de guerre prévoyait l'issue malheureuse de cette campagne. La pensée d'agir tout seul, *far da sè*, je la dénonçai comme funeste dans mon journal. Mes articles parlaient sans cesse des intérêts méprisés de Pie IX et du roi de Naples ; car avec le programme qu'on s'était donné, programme tant recommandé par la France constitutionnelle, M. Guizot et M. Thiers en tête, c'est-à-dire L'ACCORD DES PRINCES ITALIENS, on commettait une énorme contradiction en ne favorisant qu'un seul prince. Je prédisais donc le dénouement. Je n'ai eu que trop raison ; ce qui n'arrive pas facilement, soit dit en passant, aux utopistes, aux démagogues, aux anarchistes, aux têtes légères. Ces sinistres prévisions furent des crimes ; on s'acharna contre moi, et je fus jeté en prison. Savez-vous de quoi, entre autre, on m'accusait ?... D'être Français, c'est-à-dire partisan de l'intervention française. La destinée se joue bien des hommes ; ma présence ici en fait foi.—Ce tribunal m'acquitta avec un arrêt très-honorable pour moi.

Dès cette époque, c'est-à-dire depuis la guerre de Lombardie, couvaient dans les mains de la Providence les événemens de Rome. On imposait au pape des généraux piémontais, qui parlaient au nom de S. S. sans en avoir été chargés. On conspirait pour lui prendre Bologne. Pie IX, voyant que sous le prétexte de l'indépendance on voulait le dépouiller, s'en prit au prétexte lui-même, et lança l'encyclique contre cette guerre italienne devenue piémontaise. C'était en avril 1848 ; le peuple de Rome n'avait rien fait pour mériter à cette époque cette foudre. Mais le pape, au prix de sa popularité, se mettait en garde contre Charles-Albert. Comme de raison, Pie IX voulut un ministère qui ne fût pas piémontais.—Il appella M. Rossi.

Maintenant, veut-on savoir d'où partit le coup qui frappa M. Rossi ?—Rien de plus facile.

M. Rossi était un homme d'étude et d'expérience ; il connaissait la question italienne bien mieux que ses adversaires. Il voyait que le Piémont ne pouvait suffire à la victoire nationale. Il imprimait à ce propos dans la *Gazette officielle* des articles que moi, républicain, j'aurais signés sans scrupule. Il faisait si bien voir les torts énormes du parti sarde, que celui-ci ne pouvait le supporter. On se décida à le faire haïr. En le désignant comme anti-national, la chose était aisée ; on lui fit faire des démonstrations hostiles. Il répondit par des rigueurs de police. Enfin, messieurs, il fut assassiné, au seuil du Parlement, le jour même où l'Europe officielle devait entendre, par une philippique foudroyante, de la bouche d'un pair de France arrivé à la tribune romaine, les prétentions surannées, les vanteries inacceptables du Piémont.

Débarrassé de ce redoutable adversaire, le parti albertiste chantait victoire. Il manœuvra ; il fit imposer au pape un ministère piémontais pur, celui de M. le comte Mamiani, qui revenait justement de la cour de Turin. Le pape violenté quitta Rome. Il ne pouvait faire autrement.

J'étais dans ce temps à Florence ; je compris que les idées piémontaises n'étant, comme toujours, que *la révolution à demi*, n'aboutiraient à rien. Je me sentis entraîné vers Rome ; j'ai toujours pensé que l'Italie est à Rome. J'y vins avec la conviction que de grandes choses devaient s'accomplir. Le pape renvoya, sans vouloir les entendre, les députations très-empressées qui le priaient de revenir ; la Constituante romaine devint une *nécessité*, et l'on eut une République sans conspiration. Mazzini était en France. Le plus éloquent de nos orateurs, celui qui était monté au pouvoir en passant sur le cadavre de Rossi, le comte Mamiani, parla et vota CONTRE LA RÉPUBLIQUE. — Ainsi, il n'y avait pas le moindre rapport entre la mort de Rossi et les républicains. Ceux-ci *n'étaient point les ennemis de M. Rossi.* Je tiens infiniment à prouver ce fait.

La République était proclamée, lorsque, dans les secondes élections, je fus élu représentant à Rome ; honneur que je n'avais pas sollicité du tout, mais que j'étais fier d'accepter. Je m'en fais une gloire.

J'entrai à l'Assemblée avec des idées tellement froides, si le mot est permis, tellement modérées, que, soit dit pour la vérité, j'acquis une certaine impopularité. Je combattais sans démordre toutes les mesures excessives ou irréfléchies. J'étais l'orateur qui parlait toujours de positif et de calme. Seul, j'ai osé condamner la seconde guerre que le Piémont tout seul, à l'insu de Rome, déclarait à l'Autriche avec une légèreté impardonnable. Milanais, j'annonçai que l'armée royale n'entrerait pas à Milan. Les prophètes de malheur n'acquièrent quelque crédit qu'après les désastres. C'est ce qui m'arriva. Ma voix ne fut écoutée qu'après la déroute de Novare.

Mais j'arrive à l'expédition française.

Vous ne me croirez peut-être pas, si je vous dis que la nouvelle de l'expédition fut pour moi une bonne nouvelle. Je citerai le *Moniteur Romain.* D'abord, j'insistai pour qu'on rédigeât une protestation calme, digne, mesurée. — Ce doit être un acte de notaire, disais-je, non de poète, comme c'est un peu l'habitude des Italiens (*Moniteur Romain*, séance du 24 avril). —Je rédigeai moi-même cette protestation, qui fut trouvée irréprochable. Ensuite, tandis qu'on mettait en accusation les autorités de Civitavecchia,

j'observais que, quant à moi, j'étais content du débarque-
ment effectué sans opposition ; car l'Assemblée française,
n'ayant pas autorisé l'occupation de Rome, avait pourtant
voté la descente à Civitavecchia (*Moniteur Romain*, 25).
Maintenant voici ce que je disais sur l'expédition elle-
même :

« Je vous dirai une autre chose : tous les nobles, tous les
» prêtres, tous les moines, tons les albertistes et giober-
» tistes, ont toujours haï l'influence française en Italie. Cela
» me console, mais cela n'est qu'une réserve ; car je ne
» saurais rien espérer du chef actuel de l'expédition ; ce-
» pendant, il est toujours vrai que cette intervention fran-
» çaise pourra résoudre un jour le grand problème de la
» liberté italienne. » (*Même séance.*)

L'envoi de notre protestation avait pourtant changé no-
tablement la teneur des proclamations du général Oudinot. Et sur cela je disais à l'Assemblée, la nuit du 25 avril :

« Notre conduite sage et digne a déjà obtenu un résultat.
» Persistons dans la même voie. Le général Oudinot déclare
» à nos envoyés que la France n'a pas une politique prééta-
» blie ; tâchons donc de lui en tracer une par un maintien
» noble et irréprochable. Je vous le dis franchement : au
» fond, je suis content d'une influence française en Italie. »
(*Moniteur romain.*)

Oui ! je soutenais que l'intervention française finirait par
nous être utile. Je le crois encore. Votre dernier bataillon
ne partira jamais ! Rappelez-vous d'Ancone ; et le cas d'à
présent est bien autrement grave. — « Mais pour que cette
» intervention puisse avoir tôt ou tard cet heureux résultat,

» une condition est nécessaire, répétais-je : celle de nous
» défendre en braves. »

Messieurs, la nuit du 14 juin, j'ai été au quartier général
de Villa Santucci en parlementaire. J'y ai vu ce drapeau ita-
lien qui maintenant est aux Invalides. Je suis heureux de
détruire par mon assertion les doutes qu'une opposition mal
avisée a soulevés contre la légitimité de ce trophée ; car ce
drapeau, dans le temple de Napoléon, mis en rang avec les
drapeaux de Marengo et d'Iéna, honore l'Italie. Ce drapeau
commande le respect, et sans respect réciproque il n'y a pas
de fraternité possible entre les peuples.

Au reste, la résolution de nous défendre, même à un point
de vue plus actuel, était une résolution très-sage. Ce qui le
prouve, c'est le vote célèbre du 7 mai à Paris, qui couron-
nait non-seulement notre courage, mais aussi notre politique. Tout ce que j'ai dit à la tribune sur l'expédition française, pourrait être cité à mon avantage. La précision et le
bon sens étaient toujours au fond de mes discours. Ces qua-
lités, permettez-moi de le redire, ne sont point celles d'un
anarchiste, d'un éventé, d'un démagogue. Le général Oudinot persistait ; il nous demandait Rome. Aux menaces, l'Assemblée répondit, une troisième fois, par la résolution de
repousser la force par la force. La décision avait été prise
en comité secret après quelques heures de discussion. — Les
tribunes publiques sont ouvertes ; c'est le 26 avril. M. Bonaparte (qui de son côté voulait admettre la garnison française) étant vice président, proclame le vote. Permettez que
je traduise une dernière fois le *Moniteur Romain*.

— *Cernuschi monte à la tribune visiblement ému. Silence
profond.*

« Qu'on ne parle plus, qu'on ne discute plus. Il est dé-

» cidé que l'on doit combattre ; le peuple décidera de vain-
» cre. On se battra, et nous aurons la victoire. Mais, pour
» cela, bien des choses sont nécessaires ; le courage ne suf-
» fit pas ; nous voulons un grand ordre. S'il y a un mo-
» ment, » — notez ceci, messieurs, — « s'il y a un moment
» où la haine au régime clérical doit être suspendue, ce mo-
» ment est celui-ci. Malheur à l'homme du peuple qui
» commettra une action que l'on pourrait prendre pour une
» insulte à la religion. (*Vifs applaudissemens aux tribunes.*)
» Nous donnons un exemple à toutes les Assemblées dépo-
» sitaires de l'honneur national. Nous avons été calomniés ;
» nous ne le méritions pas. Nous saurons mourir avec nos
» écharpes (*L'orateur sort la sienne dans un état d'émotion
» extraordinaire ; l'enthousiasme est au comble*); que le
» peuple soit avec nous ; ici il n'y a pas de traîtres. Vive la
» République. (*L'orateur, descendant de la tribune, est
» entouré de ses collègues et couvert d'applau dissemens.*) »

Cette citation suffirait à elle seule pour me faire renvoyer
innocent.

Ensuite vint M. Lesseps. M. Lesseps fit tout son possible
pour nous battre sur le terrain de la diplomatie.

Ce n'était pas une tâche facile chez la nation de Ma-
chiavel et du Concile de Trente. Vaincu, pour ne pas rester
sans rôle dans le drame, il tourna casaque, et trahit ses
commettans. — A propos de M. Lesseps, ici, à l'audience
même, cette lettre de Paris m'a été remise. Qu'elle soit la
bienvenue. J'y trouve le passage, que je vais lire, d'une dé-
pêche adressée par M. Lesseps au ministère, le 18 mai :

« L'assemblée romaine décida à l'unanimité de nommer

» une Commission pour entrer en négociations. Ont été
» nommés pour en faire partie : Sturbinetti, Audinot, de
» Bologne; Cernuschi, de Milan. Celui-ci, *qui eût été un*
» *très-bon choix*, n'a pas accepté par délicatesse. Il est en-
» tré dans sa pensée qu'il était préférable que la dépuation
» fût composée d'Italiens originaires des Etats romains. »

Quant à moi, je n'ai pas admiré la marche donnée par
M. Lesseps aux négociations. Mais comme la valeur des
hommes ne dépend pas de mon opinion, il m'est permis de
citer ce témoignage du Consul de Barcelone, du personnage
que M. Guizot chargeait des mariages espagnols. M. Lesseps
paraît dire que l'anarchiste aurait été un *très-bon* négocia-
teur, peut-être un diplomate. Ce témoignage était rendu dans
le temps où M. Lesseps nous était très-hostile.

La guerre fut reprise. Pour que la résistance fût hono-
rable, conséquente à l'idée qui l'avait dictée, elle devait être
poussée jusqu'aux extrémités. Elle le fut. Le moment venu,
c'est moi-même qui proposai à l'Assemblée de cesser la défense. Voici, messieurs, en original, le décret *tout écrit de
ma main*. La première signature est la mienne.

« RÉPUBLIQUE ROMAINE.

» AU NOM DE DIEU ET DU PEUPLE.

» L'Assemblée cesse une défense devenue impossi ble, et
» reste à son poste.

» *Signé* : Enrico Cernuschi — Vincenzo Caldesi — Lodo-

» vico Caldesi — Bosi Federico — Vincenzo Cattabeni —
» Rinaldo Andreini — Giovanni Costabili — Audinot Ro-
» dolfo — Grilenzoni — Arduini — Sabbatini — A. Mattioli
» — Vincentini. »

Après avoir entendu les chefs militaires, l'Assemblée adopta le décret à l'unanimité, *moins une voix*. Quelle séance! Une convulsion spasmodique me prit, à la suite de ce vote, que j'avais pourtant provoqué. C'était le 30 juin. — La voix contraire était celle de Mazzini. — Il protesta. A cette protestation je répondis publiquement le 2 juillet : —

« Citoyens, j'ai eu le courage » — notez, messieurs, le mot courage, — « de proposer le décret du 30. Nous
» nous sommes d'abord défendus, parce que c'était notre
» honneur et notre utilité. Nous nous sommes ensuite dé-
» fendus, parce que nous avions pour nous le vote de la
» Constituante Française et plus tard le traité Lesseps.
» Nous nous sommes encore défendus, neuf jours après les
» brêches montées, neuf jours après que l'ennemi était
» dans la ville, neuf jours après la nouvelle du 13 juin de
» Paris, pour démontrer que nous n'étions pas au service
» de l'insurrection parisienne, que nous n'étions point sous
» l'influence d'un parti quelconque. Ici nous ne sommes, je
» l'ai dit souvent, ni socialistes, ni communistes, ni monta-
» gnards ; nous sommes Italiens, et nous sommes républi-
» cains ; car désormais il n'y a pas d'autre manière d'être
» national en Italie! Après les derniers faits survenus dans
» le siége, la résistance n'a plus de but. Nous n'avons plus
» qu'à nous couvrir le front, comme César. — Qu'ils vien-
» nent, et qu'ils nous achèvent! »

Messieurs les juges, l'accusation a eu sept mois pour re-
cueillir des preuves contre moi. Je n'ai eu que 24 heures;
et encore je suis resté les bras croisés; je n'avais ni le
temps, ni le besoin de chercher des témoins à décharge. Je
rends justice aux nombreux témoins que l'accusation a
cités. Ils ont eu l'accent de la vérité; et du reste, les dépo-
sitions que nous avons entendues correspondent aux inter-
rogatoires que M. le greffier nous a lus hier.

Je désire faire une seule remarque sur ce qui a été déposé
par M. le sous-directeur de l'Académie Française, à propos
de l'imputation d'avoir pillé cet établissement. Il a dit qu'il
me croyait un homme tellement dangereux, qu'en conscience il se crut obligé d'avertir M. Corcelles, qu'il m'avait
vu, le 5 juillet, en plein jour, partir avec M. Bonaparte, en
cabriolet découvert. M. Corcelles le remercia; il informa M.
Oudinot, lequel ordonna mon arrestation. Eh bien! ce monsieur, qu'a-t-il effectivement déposé? Il a prouvé que l'Académie Française (aussi bien que le palais Farnèse) *n'a été
pillée ni par moi, ni par personne*. Il a prouvé que la seule
fois que j'aie été dans l'établissement, mes manières en présence du directeur et du diplomate M. Mercier furent très-
polies, voire même distinguées. — La vérité est la plus
forte des choses, messieurs.

Autre grief. Je fais un tour en voiture ou à pied à la place
del Popolo, le 3 ou le 4 juillet, le matin ou le soir. J'en
conviens; je logeais à l'extrémité du Corso. Messieurs, quel
est le soldat français qui n'eût quelque curiosité de voir les
défenseurs de Rome? Eh bien! moi, pour distraire ma dou-
leur, j'allais voir, regarder même nos vainqueurs. On dit
que quelqu'un narguait les Français. Chez moi, c'était bien
autre chose; c'était la désolation, l'exténuation, la fièvre.
Peut-on croire qu'un homme dans ma situation aille volti-

ger sur une vaste place, pour provoquer des compagnies, des bataillons campés?

J'aime pourtant à vous expliquer, par une simple comparaison, l'énigme de l'émeute, quoique entièrement déchargé par les témoins à charge.

Supposez un théâtre quelconque. On lève le rideau : le spectacle ne plaît pas ; on chuchotte, on siffle. Est-ce une conspiration ? est-ce un complot ? Pas le moins du monde. C'est la nature. Mais il y a plus. Au parterre se trouve un dramaturge : M. Dumas, ou M. Scribe, n'importe ; le dramaturge est spectateur comme les autres, et même plus circonspect que tous les autres. Cependant les regards se portent sur lui ; on est peut-être porté à le désigner comme le provocateur de la désapprobation ; mais de fait il n'en est rien. Au contraire ; les gens supérieurs se respectent.

Monsieur le Commissaire de la République a dit tout à l'heure, qu'en me qualifiant moi-même comme l'auteur du décret qui ordonnait de cesser la défense, je conviens d'avoir prêté mon concours aux conventions avec les assiégeans. Messieurs, il n'y a pas eu de convention. Le décret de l'Assemblée était un acte intérieur ; nous nous disions à nous-même : cessons de nous défendre. Ce n'est pas un acte bilatéral ; c'était un décret, comme tous les autres. C'était notre serment de ne pas capituler. La Municipalité déclara même au général qu'elle ne répondait pas de ce qui se serait passé. (Voir le *Moniteur Romain*, supplément au 3 juillet.) Vous n'étiez donc garantis de rien. Mais je quitte ce terrain épineux, messieurs ; je ne veux pas paraître malhabile.

Garibaldi était parti depuis quelques jours. J'avais au Farnèse un dépôt d'armes. Pas un fusil n'a été descendu. Mesieurs, si réellement j'avais poussé à l'émeute, quelque grand malheur serait arrivé ; car j'étais très-influent. Cela aurait été déplorable, insensé, direz-vous. Oui, c'est vrai ; et c'est pour cela que je ne l'ai pas fait. — D'ailleurs, si j'avais adressé des paroles inconvenantes à un officier français, vous le pensez comme moi, messieurs, il en serait sorti quelque fait si positif, qu'il aurait laissé des preuves incontestables ; ou du moins, l'officier aurait fait son rapport, et l'accusation n'en serait pas dépourvue.

Pour couronner cette démonstration, voici quels conseils nous donnions, pour la dernière fois, le 3 juillet, à ce peuple qui nous avait toujours religieusement écoutés.

« RÉPUBLIQUE ROMAINE.

» COMMISSION DES BARRICADES.

» *Peuple,*

» Depuis une année, les villes italiennes sont bombar-
» dées et mitraillées par les rois et les étrangers. Rome a
» a eu pour bombardeurs les étrangers les plus civilisés,
» et le plus sacré des rois. Rome est vaincue ; la Républi-
» que française a voulu plonger dans le cœur de la Répu-
» blique romaine un poignard, tandis que les Autrichiens
» et les Bourbons en torturaient les membres d'une façon
» barbare. Et pourquoi donc, justice de Dieu ?

» Le lion, blessé à mort, est encore majestueux. Ni cris,
» ni murmures. Il ne regarde même pas celui qui l'a blessé ;
» il n'éclate pas dans une extrême mais inutile vengeance.
» Non, la mort des forts est un spectacle de dignité.

» Peuple, la vertu ne s'enseigne pas, elle est dans le
» cœur. Écoute le tien, qui est romain, et tu seras grand. »

Cette proclamation est dans le dossier de l'accusation ; on vous l'a lue hier, comme beaucoup d'autres faites pendant le siége.

Pour les dévastations, envahissemens, dilapidations, pillages, toutes choses qui ressemblent au *vol*, je ne ferai qu'une réflexion. J'ai un avenir, messieurs ; je combattais sachant que probablement je paraîtrais devant les vainqueurs. — Où est l'homme qui ose penser que je jouasse mon honneur sur une chinoiserie de boudoir ou sur une batterie de cuisine ? Le Farnèse était le quartier-général, l'arsenal du peuple. Les boulets le fréquentaient ; les traces en sont ineffaçables. Cela n'est rien, car nous avions demandé exprès la résidence la plus exposée. A tout instant on nous annonçait la mort d'un héros, la perte d'un ami. Ah ! Messieurs, quels souvenirs !

Je suis avocat ; je sais ce que c'est que la compétence. Prisonnier de guerre, je pourrais vous dire : Vous êtes les vainqueurs ; vaincu, je suis inviolable. Les Russes n'ont point porté de tribunaux russes en Hongrie. Nos prisonniers du 30 avril ne furent point jugés. Mais non ; les protestations, je l'ai vu, ne sauvent ni les peuples ni les individus.

Jugez-moi ; je suis heureux de purifier devant vous l'injuste opinion qu'on s'est faite à mon égard. On s'est trompé. Ma devise pratique a toujours été : *Liberté et vertu*.

Le 3 juillet nous proclamions notre Constitution, et Rome fut entièrement occupée par les Français. J'ai passé la nuit à remplir mon tour de permanence à l'Assemblée. Le 4 j'y passai la matinée. Au soir, vous occupâtes le Capitole. Le 5, **M.** Bonaparte m'offre une place dans sa voiture ; j'accepte.

car désormais c'était partir, non pas fuir. Mon passeport est signé par votre nouvelle police le 5 même. A Civitavecchia, on veut me prendre à bord du *Bulldog*, vapeur de guerre anglais. J'y renonce, pour ne pas devancer mes collègues. Ensuite je passe six mois *à étudier*, dans le fort Michel-Ange, à Civitavecchia. On veut me faire fuir, m'enlever. Je résiste aux séducteurs. En vérité, je suis le plus étrange des coupables. — Messieurs, à défaut de bonheur et de prospérité, la conscience nous donne la tranquillité et l'impassibilité.

Avant de finir, pour vous mettre sous les yeux comment de faux bruits peuvent avoir un succès incroyable, voici sur mon compte un fait curieux. Je ne sais si c'est pour me rendre odieux ou ridicule que l'on a dit: Cernuschi, dans le temps, était prêtre et chanoine. Cette fausseté, mise en circulation, devint à Rome une conviction générale. Si l'on appelait à ce propos des témoins par ouï-dire, comme tous ceux qui assistent à ce procès, il y en aurait par centaines ; mais certes ils n'auraient pas la magie de prouver ce qui n'est pas, car, sur ma parole, *jamais* je n'ai été prêtre d'aucune couleur.

Je n'ai plus qu'une pensée à exprimer. N'est-il pas vrai, Messieurs, que si l'Assemblée romaine eût signé une capitulation, c'est-à-dire la soumission à l'ancien régime, la vie et la liberté des représentans auraient été garanties par le général français? — Eh bien ! parce que, étant à Rome, nous nous sommes souvenus qu'il y a à Rome quelque chose de plus ancien que le Saint-Siége lui-même, c'est-à-dire la religion de la patrie et l'héroïsme dans le sacrifice, et que nous n'avons rien stipulé, serons-nous moins dignes de considération ?

Les anciens Gaulois, entrant à Rome, furent saisis de vénération à la vue des Sénateurs. Nous n'avions pas la prétention d'en imposer comme ces types classiques ; mais enfin nous sommes restés immobiles à notre poste jusqu'au bout. Moi j'y suis encore.

Voici les conclusions que j'ai l'honneur de déposer entre les mains de M. le président.

Je demande à votre justice et à votre impartialité un acquittement complet.

Je demande à votre courtoisie une escorte française pour sortir des États romains.

Proscrit par l'Autriche et par le pape, je demande à vos cœurs français un grain d'estime qui me console dans l'exil.

HENRI CERNUSCHI.

Le Président (les conclusions présentées par l'accusé à la main). — « Sur la première conclusion, vous pouvez être sûr de la justice et de l'impartialité de vos juges ; sur la seconde conclusion, je dois vous dire que le Conseil de guerre n'est pas compétent. »

L'Accusé. — « J'ai présenté les conclusions ; le Conseil décidera. »

Le Président insiste sur quelques observations.

« Si le prévenu est acquitté, on ne pourra qu'ordonner sa mise en liberté. Le Conseil de guerre ne saurait empêcher la police papale de l'arrêter de nouveau. »

L'Accusé. — « Messieurs, vous me déclarerez innocent ; et

alors vous serez mes protecteurs naturels. Les Français m'ont conduit à Rome, et les Français peuvent me conduire hors de Rome. — Messieurs, je suis un caractère fort ; je ne tiens pas à être sauvé. Que ma destinée s'accomplisse. Il s'agit de mon crédit. Eh bien ! Messieurs, c'est encore un point sur lequel je ne puis transiger. Homme politique, je ne suis pas un enfant qui va jeter des pierres aux coins des rues et porter l'étendard de la sédition. »

Les juges se consultent à voix basse.

Le Président. — « Votre arrêt vous sera connu demain. »

L'Accusé. — « Je crois qu'il est de règle qu'il n'y ait point de sursis. »

Le Président. — « Non ; voici les lois françaises.... »

L'Accusé. — « Laissez, laissez, Monsieur le président. Je ne connais pas le Code pénal français ; mais votre assertion suffit. J'acquiesce.

Le Président. — « La séance est levée (il est trois heures). »

Après que la salle est évacuée, l'accusé est invité par M. le rapporteur à descendre, pour être reconduit au fort Saint-Ange.

L'Accusé. — « Messieurs, j'ai l'honneur... »

La place de la Minerva présente un spectacle imposant ; le silence est profond ; la foule est tenue à distance considérable du convoi par des plantons disposés en cercle. L'accusé monte en voiture. Après lui des gendarmes français dans la même voiture, et des chasseurs dans les voitures qui suivent.

L'accusé est reconduit au fort Saint-Ange au milieu de l'émotion générale.

—

Le 25, M. le capitaine-rapporteur va au fort Saint-Ange lire à l'accusé debout, en présence de quatre soldats sous les armes, le verdict d'acquittement complet, et le pourvoi en révision du commissaire de la République française.

Paris. — Imprimerie de E. Brière, rue Ste-Anne, 55.

www.ingramcontent.com/pod-product-compliance
Lightning Source LLC
Chambersburg PA
CBHW061452050726
47593CB00004B/1571